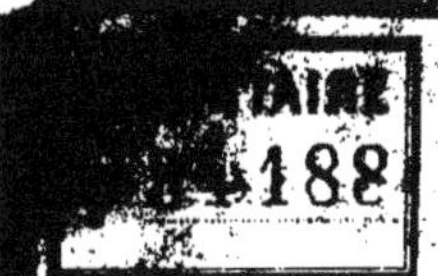

LA GUERRE DE L'OPERA.

LETTRE ECRITE A UNE DAME EN PROVINCE,

Par quelqu'un qui n'est ni d'un Coin, ni de l'autre.

par Mr Cazotte, Commissaire de la Marine.

V

LA GUERRE DE L'OPERA.

Lettre à une Dame de Province.

MADAME,

Le feu est dans tous les *Coins* de l'Opéra. La Musique Italienne y est aux prises avec la Musique Françoise. Imaginez tous les desordres d'une guerre en même tems étrangere & civile. Des intrigues, des brigues, des factions, des cabales, des hauts, des bas, des révolutions étonnantes; la fortune déclarée d'abord pour l'étranger sans se donner le tems de choisir, chancelante ensuite entre les deux partis, pour se livrer bien-tôt à nous, sans trop sçavoir pourquoi. Des joies outrées, des yvresses, des triomphes passagers, des chûtes inopinées, des projets fols, des desespoirs extravagans. Voilà le foible crayon de ce qui vient de se passer sous nos yeux au Théatre lyrique. L'intérêt que votre goût pour ce spectacle doit vous faire prendre à tous ces mouvemens, vous en fera ſans doute lire avec plaiſir la Gazette.

On accueillit ſur la fin de l'Eté deux Acteurs Italiens Bouffons, faiſant partie d'une Troupe de ce genre, égarée à Strasbourg. Ce n'étoit point ſans doute pour tenter le goût du Public ſur ce nouveau genre de plaiſir. Ces Bouffons repréſenterent en premier lieu ſur le Théatre de l'Opera une de ces petites Pieces en deux actes, qui portent chez eux le nom d'*intermedes*. L'ouvrage eſt d'un Muſicien très-eſtimé.

On le reçut d'abord avec aſſez de froideur. Il avoit été repréſenté ſix ans auparavant ſur le Théatre des Comédiens Italiens de façon à ne pas laiſſer de lui des préventions agréables. La nouvelle exécution lui fut plus avantageuſe : peu-à-peu les oreilles ſe firent à cette Muſique, les *connoiſſeurs* ſe déclarerent pour elle. Ceux qui veulent paſſer pour l'être, les ſuivirent à ce ſpectacle avec les curieux, les oiſis, & le corps de la nation.

On donna ſucceſſivement deux nouveaux intermedes, dont la Muſique pouvoit n'être pas d'une main ſi nerveuſe & ſi ſaillante ; mais qui étoient agréables, & dont le Poeme avoit ou un peu plus d'intrigue ou plus de variété.

Ces différentes ſcenes étoient repréſentées par un Acteur & une Actrice. L'Acteur a un maſque excellent pour le Comique ;

il outre continuellement la vérité : mais comme il paſſe toujours par elle pour tomber dans la charge, on ſent qu'il ne tiendroit qu'à lui de s'arrêter en chemin ; il a de la préciſion & du ſavoir dans ſon art, ſa voix n'eſt ni forte ni flatteuſe, ni naturelle. Il ſemble ne point connoître le beau goût du beau Chant Italien ; auſſi n'eſt-ce pas le droit de ſa charge : ce n'eſt qu'un Bouffon.

L'Actrice eſt d'une taille au-deſſous de la médiocre, jeune, ayant de la fineſſe & du jeu dans la phiſionomie, de l'intelligence. Elle bat la planche à la façon de ſon pays, avec de petites graces eſtropiées, mais qui cependant chez elle ſont des graces. Sa voix a peu de corps ; elle eſt légere, ſonore & juſte.

Ce ſont-là, Madame, les ouvrages & les ſujets dont les ſuccès ont paru menacer notre Chant François, & en particulier notre Opéra d'une chûte prochaine & abſolue. Vous euſſiez oui pouſſer tout à l'extrême, épuiſer tous les ſuperlatifs de la langue & le néologiſme à la mode en faveur des Bouffons, en même tems qu'on accabloit notre Muſique de mépris & d'invectives.

Le monologue qui précede le ſommeil de Renaud. Sa premiere ſcene avec Armide dans le cinquième acte de cet Opéra de Lully, le *clair flambeau du monde* de M. *Rameau*, tant d'autres belles choſes que nous devons à ces deux fameux Compositeurs, & à quelques-uns de ceux qui les ont pris pour modele, étoient traités de Plein-chant digne à peine de la barbarie des Eglises d'Allemagne.

Cette volupté que réunit à l'Opéra l'ensemble d'une scene adroitement filée, d'une situation touchante, d'un dénouement heureux, d'un Ballet bien amené, & dansé par l'élite de ce que les deux sexes ont de plus parfait dans ce genre pour les graces & la figure, ce tableau secondé d'une décoration fraîche & riante; tout cela, dis-je, ne devroit plus faire d'effet sur nous.

Un *Allemand* avoit imaginé que nos Danseurs exécutoient de mauvaise grace, que notre Chant ne rendoit point l'expression de notre Langue. Et trois *Géometres* avoient calculé que le tout, joint ensemble, ne pouvoit pas faire une somme complette de plaisir.

Cela peut être vrai pour les *Géometres*. J'ai oui-dire qu'on ne les faisoit éternuer qu'avec de la bétoine. Puisqu'ils sont si durs à émouvoir, les croyez-vous faits pour mesurer nos amusemens?

C'étoient-là, Madame, les principaux factieux qui s'étoient soulevés contre le sceptre de l'Opéra. Comme ils ont de l'esprit & des connoissances, ils fournissoient des raisons à tous ceux qui s'étant jettés dans leur parti par inconstance, cherchoient à s'autoriser dans leur désertion, & à entraîner les autres.

Nos Apôtres de l'Italie, pour mieux raffermir leurs néophites, s'érigerent bien-tôt en petits Prophetes. S'ils eussent pû, ils auroient fait des miracles.

Je vous envoie un exemplaire de leurs Prophéties, supposant que cette nouveauté n'a pas encore percé dans votre Province. Il y a plus que de la hardiesse dans le plan, de la finesse & du badinage dans l'exécution, de la partialité dans les décisions; & ce qui caractérise enfin & toujours les faux Prophetes, beaucoup de fanatisme, & quelquefois de la mal-adresse.

Vous y verrez *Lully* traité indignement: on y rend à *Rameau* une justice qui seroit beaucoup plus flatteuse pour lui, si on ne la refusoit pas à son prédécesseur & à son rival.

On y loue beaucoup M. *Jeliotte*, qui ne sauroit être trop loué; Mlle *Fel* qui mérite sans doute de grands éloges; & on oublie Mlle *Lemaure*, dont on auroit pû parler, quoiqu'elle ne chante plus à l'Opéra, pour ne pas se souvenir d'Amadis, où elle disoit avec tant de dignité: *Vous, vainqueur d'Amadis!*

Enfin, Madame, on tourne cruellement en dérision un Acteur dont, à la vérité, la voix foiblit; mais qui par ses longs services & la supériorité de ses talens, a mérité des égards de la part du public.

Nos Illuminés proſcrivent de l'Opéra l'imagination & la féerie. Veulent-ils les loger au Théatre François ? car ſans douté ils les logeront quelque part. Les Auteurs de la brochure, que l'imagination & la féerie ont quelquefois ſi bien ſervi, tout Géometres qu'ils ſont, n'ont pas l'ingratitude de vouloir entierement les exiler de tous les Spectacles ; & ce ſeroit les envoyer dans un véritable exil, que de les reléguer chez les Comédiens Italiens, & à la Foire où elles ne vont guere qu'en partie de débauche.

En attendant qu'on décide ſur ce qu'ils propoſent au ſujet de la féerie, je demande grace au nom de toute la nation pour Armide, Rolland, Amadis de Gaule, & Zelindor.

Quant aux Dieux du Paganiſme, qui n'ont plus d'autels qu'à l'Opéra, je ne vois pas l'intérêt qu'ont les *Géometres* à les en chaſſer. Ils ne leur cauſent point d'embarras ; pourquoi les troubler dans leur petite Juriſdiction ?

D'ailleurs, tout altérés que ſoient au Spectacle de l'Opéra les rites & les cérémonies des Anciens, ce qu'on y en voit pique ma cnrioſité. Je ſens bien ce qu'on pourroit faire de plus pour la ſatisfaire ; mais je me contente de ce que je trouve-là ; & les images toutes imparfaites qu'elles ſont, me plaiſent plus que ce que je pourrois lire à ce ſujet dans *Sethos*, ou dans quelque livre encore plus ennuyeux.

Je me laiſſe emporter, Madame, & ma digreſſion vous fait perdre de vûe les intermedes Italiens, attaquant l'Opera François dans ſon propre ſanctuaire & avec le ſecours de ſon orqueſtre. Il eſt vrai que ce dernier n'a combattu que comme font les auxiliaires, quand ils ne doivent point avoir de part au butin.

Vous penſez, Madame, que l'Opera dut faire alors bien des efforts. Non, il s'eſt conduit en politique, en abandonnant pour quelques mois les choſes au torrent. On jouoit alors Acis & Galathée. M. *Jeliotte* chargé de repréſenter Acis, ſe laſſa bientôt d'un rolle qui n'avoit rien de brillant; & dès qu'il fut retiré, qu'on fut revenu de l'étonnement dans lequel jettoit la figure de M. *Chaſſé* repréſentant Polyphème au haut du rocher, le Public eût abandonné le ſpectacle, ſi la curioſité de voir les Bouffons ne l'y eût retenu.

Les Directeurs de l'Opera attendoient, pour frapper les grands coups, le premier moment où Paris tomberoit dans la laſſitude qui devoit ſuivre ſon accès; car ils regardoient la maladie du Public comme une fièvre. Je crois même que c'eſt parce qu'ils ont penſé qu'il falloit le faire dormir, & que cela étoit bon pour ſon mal, qu'ils ont remis le Ballet d'Aréthuſe, où les gens qu'on deſtine à amuſer un jour la nation, venoient prendre trois fois la ſemaine leur leçon, depuis ſix heures juſqu'à huit, en habit de Théatre. Notre ennemi devoit trouver ce procédé bien mépriſant de notre part.

Enfin on ſe réſout à porter les premiers coups. Ce n'eſt point M. *Rameau* qu'on choiſit pour athlete; l'Opera n'a pas voulu qu'il fût dit, qu'il a été contraint à faire marcher ſon corps de réſerve. Les premiers honneurs de la Lice furent pour les Fêtes de Tempé, Ballet héroïque de M. *Dauvergne ;* ce ſont les prémices de ce Muſicien pour ce ſpectacle. La compoſition en eſt correcte & ſçavante ; mais il n'a oſé prendre l'eſſor, & l'on peut reprocher à ſa Muſique de ſentir l'Ecole, quoiqu'elle ne ſente jamais l'Ecolier.

L'ouverture eſt belle, la fugue eſt un chef-d'œuvre dans ce genre, ſes airs de violon ſont pleins de feu & de caractere; mais ſes Ballets ont tous le défaut d'une Fête donnée à contre-tems. C'eſt la faute du Poeme, dont on peut dire (permettez-moi l'expreſſion baſſe) qu'ils ſent le cadavre; auſſi eſt-ce l'ouvrage poſthume d'un homme qui eſt *très-mort.*

Ce Ballet, Madame, qui a bien ſon mérite, a eu le ſort d'une premiere colonne qui attaque un front d'armée. Il a eſſuyé un feu impitoyable de la part des critiques forcenés ; mais comme il se rallioit par pelotons, & venoit toujours à la charge avec sa passacaille & la fête de sa quatrième entrée, il s'est fait jour à travers bien des têtes, & a commencé à maintenir l'égalité des armes.

Les Italiens se sentant presser, donnent un nouvel intermede ; tous leurs Acteurs doivent y jouer. Les trompettes ont déja annoncé un Acteur, entr'autres, d'un talent supérieur, & qui avoit ravi tous les suffrages dans les premiers Concerts de France.

La toile se leve, le Spectacle commence ; la farce Italienne étoit misérable pour la conduite, le Chant moins varié que celui des précédens intermedes.

On voit des Acteurs dépourvûs, je ne dis pas de graces Françoises ; on peut n'en avoir pas l'air & les manieres ; mais les belles habitudes du corps sont de tout pays. Du reste rien ne dédommageoit en eux de la mauvaise contenance.

Enfin paroît ce chanteur si vanté, dont la voix fit peu de plaisir, dont l'état causa à la plus intéressante partie de l'assemblée un dégoût mêlé d'indignation, & fit pitié à tout le reste.

Les étrangers perdirent la bataille, & l'on connoît la conséquence de la perte d'une bataille en pays ennemi. Comme ils ont de grands Capitaines, on ſe rallia ; & du fond de l'antre qui eſt ſous la loge de la Reine, nos Géometres firent en faveur des vaincus un feu vif, & ſoutenu de brochures & d'épigrammes, ſans oublier les corrollaires. Mais tous leurs efforts ne rappelloient pas à l'Opéra les femmes & les gens à lorgnettes, qui compoſent la moitié du Spectacle, & qui s'étoient retirés.

Les Directeurs profitant à propos de ces momens déciſifs, font avancer ſur la ſcene M. de *Mondonville* armé d'un Ballet héroïque en trois actes, qu'on nomme *Titon & Aurore*. Je quitte le ſtyle de Gazetier, pour eſſayer de vous donner l'idée d'un ouvrage qui fait ici un très-grand bruit, & qui ſervira d'époque à la fixation du goût des François en faveur de leur Muſique.

Les paroles du Poëme ſont du même Auteur, qui avoit fait Zaïde. Comme il eſt mort depuis dix ans, elles ont été retouchées par pluſieurs gens d'eſprit. Elles ont aſſez de naturel, on y trouve des choſes agréables. La charpente en eſt pareille à celle des derniers Opéra de M. de *Lamotte*. Ce ſont deux Amans traverſés par deux jaloux. Quoique l'intrigue n'ait rien de neuf, comme elle marche tout doucement à ſon dénouement, qu'il y a quelque intérêt, on peut placer cet ouvrage dans la claſſe des Opéra paſſables. Venons à la Muſique. L'ouverture eſt foible. Les connoiſſeurs la trouvent auſſi pleine de fracas que vuide d'harmonie. Il y a quelques traits qu'on ſeroit tenté de prendre pour des ſaillies de mémoire. Il y a trop de biſarrerie, ou pour mieux dire, trop peu de deſſein.

Les ouvertures étoient autrefois des Pieces aſſez indifférentes. Elles ſont devenues des eſpéces de défis pour les Muſiciens. Ils y font des eſſais de leurs forces. M. de *Mondonville* n'a pas été abſolument heureux dans celui-ci.

Le prologue qui ſuit eſt abſolument foible. Je ne dis rien du récitatif. Mais les ſymphonies & les airs ne caractériſent rien. Le premier chœur ſent l'Egliſe, & il eſt maigre. Celui qui termine la ſcene eſt chantant, mais fait ſur un deſſein trivial.

Je vous parois de bien mauvaiſe humeur; mais ne vous en allarmez pas, Madame, j'en vais changer en vous parlant du premier acte du Ballet. Il ouvre par un lever de l'aurore; la Muſique qui l'annonce eſt peut-être le morceau le plus fleuri, le plus voluptueux que j'aie oui à l'Opéra. On croit en même tems voir épanouir les fleurs, tomber la roſée, entendre les gazouillemens des oiſeaux, ſentir le treſſaillement de la nature aux approches du jour. La ſcene qui ſuit eſt écrite avec des graces & du naturel; elle eſt terminée par un duo qui ne laiſſe rien à deſirer, & ſuivie d'une fête de paſtres ſemée de petits airs tendres & légers, qui ſont autant de miniatures. Rien ne vous étonne, & tout vous plaît. L'acte finit par une ſcene de force & de jalouſie aſſez bien faite.

Une ſcene de même nature, & un peu reſſemblante, commence à jetter de la froideur dans le ſecond acte. Un chœur de vents plein de bruit & d'harmonie vient maîtriſer l'attention du Spectateur.

Les gens du métier, en rendant juſtice à la beauté dont eſt ce chœur, diſent qu'il n'eſt point aſſez caractériſé, & qu'il peut convenir indifféremment aux Titans, à des Démons, à des Ciclopes. Mais je crois qu'on peut s'en rapporter à l'impreſſion générale pour juger du mérite de ce morceau de Muſique.

Il y a dans ce ſecond acte une fête champêtre moins agréable que celle du premier, quoiqu'il y ait de jolis airs de violon & des Ariettes chantantes.

Le troiſième acte débute par un morceau ſur le mérite duquel on n'eſt point d'accord. Pour que vous puiſſiez m'entendre plus aiſément, Madame, je dois vous donner une idée du Poëme dans cet endroit.

Palès dédaignée par *Titon*, l'en punit en l'affligeant d'une vieilleſſe & d'une caducité anticipée. *Titon* ſe réveillant, voit dans les eaux d'une fontaine, au bord de laquelle il eſt endormi, les ſymptômes apparens de ſa décrépitude, dont il ſent en même tems tous les inconvéniens.

L'oreille ne ſauroit décider de la valeur de la Muſique, qui annonce le monologue par lequel l'Acteur doit rendre la ſurpriſe & les différens ſentimens qui vont l'agiter. Il ſemble que le Muſicien ait cherché à peindre le pénible & inutile effort que fait un octogénaire mourant pour arracher un phlegme de ſa poitrine. Le monologue qui ſuit m'a paru bien fait.

Nous le jugerons plus ſainement encore, quand il aura été traduit en langue vulgaire, c'eſt-à-dire quand M. *Jeliotte* aura ceſſé de le jouer, car juſqu'ici on appréhende que le grand Acteur n'ait fait illuſion; ce qui feroit cependant penſer que le Muſicien a beaucoup de part au ſuccès de cette ſcene, c'eſt que M. *Jeliotte*, malgré ſon art, n'a pû tromper le public ſur la ſymphonie du rajeuniſſement. En effet quelque précaution qu'il prenne, on ne s'apperçoit pas que Titon revienne à vingt ans.

Le reſte du Ballet n'a plus rien qui intéreſſe, ni qui pique. Les airs de violon en ſont négligés; & ſi l'Opéra ne finiſſoit par une Ariette dans laquelle M. *Jeliotte* ſe ſurpaſſe, il y a bien des gens qui en ſortiroient avec de l'humeur.

On peut dire que M. de *Mondonville* a

bien ſaiſi dans cet ouvrage le goût de la nation pour les vaudevilles, les petits airs chantans & légers; il a même, par eſprit de conciliation, cherché à donner quelquefois dans l'Italien. Cependant, Madame, en lui rendant juſtice, on ne peut regarder cet Opera-ci que comme un troiſieme eſſai qu'il fait dans un genre encore nouveau pour lui. Le fond de l'harmonie, le travail des ſymphonies & des airs de violon ne répondent point en général à l'idée que nous nous ſommes faite d'un homme à qui la France a pour le chant de l'Egliſe l'obligation qu'elle a à M. Rameau pour celui du Théatre. Si ma déciſion vous paroît rigoureuſe, l'Auteur en eſt plus que dédommagé par les flatteries outrées des enthouſiaſtes de la Muſique Françoiſe, des ennemis des boufons, & enfin de ceux qui ayant été leurs amis *à tout rompre*, viennent aujourd'hui comme le pauvre *Irus* boire avec les vainqueurs. On crie à la merveille & au prodige, on applaudit à l'Auteur à chaque repréſentation. M. *Rameau* n'eut jamais des inſtans ſi flateurs. C'eſt un peu de ſa faute; il n'a pas la complaiſance, quand il donne de ſes ouvrages, de ſe venir prêter aux carreſſes du Public, ſeulement un quart d'heure par jour d'Opera.

On dit que le caractere de M. de *Mondonville* contribue beaucoup à ſes ſuccès.

Il

Il n'a point d'ennemis, & il a des amis, même parmi ſes rivaux. Il mérite de réuſſir, & il réuſſira ſans doute bien plus par la ſuite; pourvû que ne ſe laiſſant point éblouir par ce ſuccès, il reconnoiſſe de bonne foi ce qu'il doit au bonheur des circonſtances; qu'il ſe défie de ces petites apothéoſes paſſageres, qui éloignent les hommes de l'immortalité, quand ils ſe trompent au point de les enviſager comme le véritable but auquel ils doivent tendre. L'illuſion doit d'autant moins durer pour un homme raiſonnable qu'il eſt bien-aiſé de s'appercevoir dans toutes ces révolutions-ci (où le caprice & la mode ont beaucoup de part) que ceux qui font le plus de bruit, ont preſque tous l'oreille en-dehors.

Enfin, Madame, l'Opera François triomphe. Il ne reſte plus qu'à ſouhaiter qu'il uſe bien de ſa victoire, qu'il ſe ſouvienne de la guerre des Romains contre les Samnites & des *fourches caudines*. Je crois que le trait vient à notre hiſtoire; qu'il accorde à ſon ennemi une compoſition honorable. Il doit être bien content; les Italiens qui occupoient le Théatre lyrique de Paris pendant toute la ſemaine, & que les vœux des François appelloient dans toutes les Provinces, ne joüeront plus ſi ſouvent. Je crois que l'intérêt général eſt qu'on les y ſoutienne. En les en banniſſant, on paroîtroit les craindre.

B

Il faut montrer qu'on ne redoute point la comparaiſon ; nous attirerons par-là l'Etranger à notre Spectacle lyrique, il contractera l'habitude d'y venir, & entendra de la Muſique françoiſe en dépit de lui-même. Car notre orcheſtre, quoiqu'exécutant de la Muſique Italienne, quoique diſcipliné à l'Allemande, reſtera toujours dans le fond un orcheſtre François.

J'ai le bonheur, Madame, de n'avoir point pris de parti au milieu de tant de factions. Je m'amuſois beaucoup de la Muſique Italienne, & beaucoup plus des projets de ceux qui culbutoient, en idée, notre Opéra, pour mettre à ſa place un ſpectacle dans une langue étrangere, dont il faudroit bien connoître les beautés, pour être en état de décider juſqu'à quel point le Muſicien leur eſt fidele, où l'oreille ſeule eſt flattée, & tous les autres ſens ſacrifiés (car je maintiens que rien ne remplaceroit à nos yeux la décoration d'un chœur & d'un ballet bien habillé) : où le Public ne voit rien que de contraire à ſes mœurs & à ſes uſages, que des Poëmes longs, irréguliers, dénués d'intérêts. J'enveloppe dans cette déciſion générale les ouvrages même de *Metaſtaſio* ; non que ſes Tragédies ne ſoient remplies de chaleur avant de paſſer par les mains du Muſicien ; mais la carriere que ſe donne celui-ci, refroidit néceſſairement le ſpectateur, & le rend indifférent pour l'action qui ſe paſſe ſous ſes yeux. Dans nos Opéra bien faits, le récitatif marche rapidement. Les monologues entretiennent la chaleur; quelquefois les Ariettes même aident la marche de l'action *. Je ne puis rien dire du récitatif italien. Ils diſent qu'il eſt naturel, il eſt donc bon? mais leurs ſcenes, leurs monologues, finiſſent toujours par des Ariettes, où le Muſicien ne manque jamais de briller à contre-ſens. J'en vais citer un exemple, & je le prends dans un endroit de l'Opéra d'Artaxerce, le plus admiré de l'Italie. Artaxerce vient de perdre ſon pere par un aſſaſſinat qu'il a vengé mal-à-propos ſur ſon frere innocent, & qu'il eſt obligé de pourſuivre aux dépens de la vie de ſon meilleur ami, frere de ſa maîtreſſe, & qui paroît coupable. Voilà une ſituation violente. Le Poëte dit:

Dehls' reſpirar laſciate mi
Qualche momento in pace
Capace di riſolvere
La mia raggione non e.

Il n'y a rien de trop. Le Muſicien joue impitoyablement ſur tous les mots pendant un quart-d'heure.

Dans le même Opera, Arbace innocent,

* *Voyez le monologue d'Armide, celui d'Iſſé, & l'ariette chantée par Vertume, dans le Ballet des Elémens, qui commence par* Voyez dans ces vergers.

maîs n'osant le découvrir; banni d'une Cour où il est amoureux; cru coupable par sa maîtresse de la mort d'un pere, chante cette belle ariette, *Vo sol cando un mar crudele*, dit qu'il ressemble à un homme qui essuie une tempête sans voile & sans cordages. Le Musicien lui fait abandonner absolument l'idée de son état, pour suivre à tire de gosier l'image de la mer agitée dans toutes ses circonstances, le tonnerre, les vents, les flots, *&c.* il est vrai que la peinture est aussi belle que déplacée.

Quand nos héros se trouvent dans des situations violentes, l'image de la mer leur revient à l'esprit; mais voici ce que fait M. *Rameau* dans les Indes Galantes en pareil cas. Dans le morceau qui commence par *Vaste empire des Mers*, le personnage y paroît livré à tous les sentimens naturels, à l'état où il se trouve, & le Musicien fait peindre par les symphonies d'accompagnement l'image qui fait la comparaison. Ce travail a droit de nous plaire, parce qu'il est sage. Nous n'envions point aux étrangers le plaisir qui résulte pour eux de la violation des regles & des bienséances; c'est à elles que nous devons des chefs-d'œuvres dans tous les genres, & nous nous sommes fait une loi de les respecter même sur le Théatre, où on se permet le plus d'écarts.

Quand on nous proposeroit d'attirer sur

notre Théatre les premiers Acteurs de l'Italie, combien n'aurions-nous pas à souffrir de leur maintien, avant qu'ils eussent pris cet air aisé qui caractérise chez nous jusqu'au peuple même, avec lequel nous naissons pour ainsi dire, que nous exigeons des hommes dans tous les états, & à la plus grande rigueur, des gens de Théatre? Non, Madame, je ne crois pas que nous devions abandonner notre Théatre, & encore moins notre Chant ; il peint les passions comme elles se font sentir par nous, il a sa voix, son énergie. La nature est différente chez nous de ce qu'elle est chez les Italiens : chez eux l'amour est lascif, la gayeté minaudiere, & la colere convulsive. Nous avons bien une autre naïveté ; & quand nos Artistes imitent la nature, comme nous avons seuls l'objet de la comparaison dans nous-mêmes, nous sommes seuls juges capables de décider de leur travail. Ne croyez pas cependant, Madame, que je veuille ravaler la Musique italienne, en soutenant les droits de la nôtre. Je sçais que nous n'en avons presque point d'instrumentale, & que nos Auteurs peuvent beaucoup apprendre des Italiens pour ce qui est des accompagnemens travaillés & des symphonies. Nous n'avons rien en ce genre qui puisse êtte opposé à nos rivaux, ils sont nos maîtres ; mais en les imitant dans les différentes parties, évitons de faire paſſer leur modulation dans notre Chant, & même dans les Ariettes; puiſque, à moins d'avoir le goût le plus délicat, on ſe rencontreroit sûrement avec *Saggioni*, Auteur Italien, qui nous donna, il y a ſeize ou dix-ſept ans, un Recueil de Chanſons Italiennes ſur des paroles Françoiſes, qu'on peut mettre au nombre des plates bouffonneries, malgré le ſçavoir qui y eſt répandu.

Je ne crois pas que nous ayons beſoin de modeles pour notre récitatif, nos chœurs, & nos airs de Ballet. MM. *Lulli* & *Rameau* ſeront à l'avenir nos Auteurs claſſiques pour ces différens genres, ſur-tout M. *Rameau* pour les airs de Ballet. Je ſens la joie yvre des vendangeurs du Ballet de Platée. Je cauſe avec ſes menuets des Indes galantes; il me ſemble ſur-tout entendre dans le majeur une converſation animée pendant laquelle une replique n'attend pas l'autre. Enfin je trouve plus de penſées dans les ouvrages de Muſique de ce grand génie, que dans toutes les brochures d'un bel eſprit à la mode, qui fait le métier de penſer.

On nous oppoſe, avec quelque apparence, que notre Chant n'a que nous de partiſans en Europe; peut-être ce goût excluſif n'eſt-il chez l'étranger que l'effet de l'habitude & du préjugé.

Avant *Lulli*, les ſeuls Italiens chantoient

en Europe. L'Italie étoit alors le magaſin des Arts, & principalement de la Muſique. Nous y puiſâmes comme le reſte de l'Europe ; mais nous nous apperçûmes bien-tôt qu'il y avoit dans notre Langue une nobleſſe, une tournure de ſentiment propre à notre caractere particulier, dont la peinture nous feroit plaiſir, & que la modulation Italienne ne rendoit pas ; & c'eſt-là l'origine de notre ſchiſme. Peu-à-peu nos Compoſiteurs en ſont venus au point de nous toucher par l'expreſſion fidele des nuances de nos paſſions ; ils ont rendu juſqu'à cette fleur de galanterie, dont notre nation a été longtems en droit de ſe piquer. Ils ont trouvé le chemin du cœur, nous ont émû ; ils nous plaiſent. Serions-nous ſages de négliger les plaiſirs réels qui nous viennent de leurs travaux, pour chercher ceux que nous procureroit la Muſique Italienne, qui ſeroient sûrement toujours équivoques pour nous ?

Une autre raiſon de la préférence que l'étranger donne au Chant Italien ſur le nôtre, c'eſt qu'il eſt agréable même, étant iſolé des paroles ; il n'emprunte rien d'elle, comme il ne leur prête rien. Chez nous au contraire un air dénué des paroles pour leſquelles il a été fait, reſſemble à un trait d'harmonie privé de ſa baſſe fondamentale. Or dans la ſuppoſition d'un Amateur, qui ignore les deux Langues, & qui veut choiſir, il n'y a point de doute que le Chant Italien ne doit être préféré.

Nous garderons le nôtre, Madame, il continuera de faire une de nos richesses; & nous regarderons ceux qui nous proposeront de l'abandonner, comme les Anglois regarderoient un homme qui leur conseilleroit de quitter leur langue maternelle, pour n'étudier que la langue Françoise, parce que celle-ci est devenue la langue des traités, & de la plûpart des Cours de l'Europe.

Liste des Morts & des Blessés.

Du côté des François.	Du côté des Italiens.
Morts.	
Acis & Galathée.	La finta Cameriera.
Le Prologue des Fêtes de l'Eté.	La Dona superba.
	La Scaltra governatrice.
Aréthuse.	
Le Ballet de Tempé.	
Blessés.	
Titon & Aurore.	

On ne sçauroit répondre de la parfaite exactitude de cette liste, il faut attendre des mémoires plus exacts. Il court un bruit que le Ballet de Tempé n'est point mort; mais que sa chûte lui a procuré un étourdissement violent qui ne sera pas mortel.

Le Ballet de Titon a reçu deux profondes blessures, l'une dans son corps d'harmonie, l'autre dans la partie de l'invention. Le goût a un peu souffert de la démarche qu'il a faite, en voulant concilier les deux Musiques.

FIN.

www.ingramcontent.com/pod-product-compliance
Ingram Content Group UK Ltd.
Pitfield, Milton Keynes, MK11 3LW, UK
UKHW020230180726
13838UKWH00005B/2297

9 782329 417691